निगार-ए-ज़ीस्त

ज़िन्दगी की खूबसूरती

प्रतिमा मिश्रा

ISBN 979-888521781-1

क्रम-सूची

क्रम-सूची

1. जिंदगी एक फ़लसफ़ा

दिल में ख्वाहिशों का बवंडर लिये,
आँखों में ख़्वाबों का समंदर लिये,
उड़ जाऊँ मैं भी फज़ा में पंछियों की तरह,
कुछ राज़ सिर्फ़ और सिर्फ़ अपने अंदर लिये....!!

कश्ती थी किनारा था,
हमें तो बस वक़्त का सहारा था,
लोग तो लगे पड़े थे हमें गिराने में,
मेरा आबाद होना कहाँ किसी को गवारा था....!!

वो कहते थे तू ना कर फ़िक्र हम आएँगे,
खिज़ां के दौर में भी हम बहार लाएँगे,
बेज़ार हो गयी आँखे उनके इंतजार में,
हमें ना मालूम था वो इस तरह से भूल जाएँगे....!!
(खिज़ां = पतझड़)
(बेज़ार = उदासीन)

वक़्त वक़्त की बात है आज तेरा है कल मेरा होगा,
सियाह रात के बाद ही तो नया सवेरा होगा,
रास्तों की कठिनाइयों से क्या ही डरना,
जो हौंसला करूँ तो मंज़िल पे फ़तह मेरा होगा...!!

मेरे शख़्िशयत ने मुझसे ये सौदा किया है
तू ख़ुद से ख़ुद की पहचान बना, जब ऊपर वाले ने तुझे ये
ओहदा दिया है....!!

ज़िंदगी में कड़वाहट इतनी हो चली है, कि अब तो सुबह की
चाय भी नमकीन लगती है,
ये जो ऊपर से हस रही ये सिर्फ़ एक मुखौटा है,
अंदर से ये लड़की बहुत गमगीन लगती है....!!

फ़ितरत इंसानो की ना पुछ ये हर पल रंग बदलते है,
इसी वास्ते हम लोगों से आज कल कम ही मिलते है.....
जो वादा करते है सारी उम्र साथ निभाने का,वो सर-ए-राह
साथ छोड़ आखिर कहाँ चल देते है....!!

मेरी मुहब्बत मुकम्मल हो जाये अगर, तो क्यूँ ना पूरी
दुनिया में ये फ़रमान जारी करूँ,
मिला है तू मुझे एक ख़ुदा के रूप में, तो क्यूँ ना तेरी
इबादत में ये आसमान जारी करूँ.....

मैं और तुम सब एक मुशाफिर है यहाँ,
कुछ कर जाने के वास्ते हम सब हाज़िर है यहाँ,
ये दुनिया है खुद-परस्तो की दुनिया,
ना पूछ के सब कितने शातिर है यहाँ....!!

(खुद-परस्तो = ख़ुदगर्ज़)

2. इंसान

धरम-करम की बात कर, वनमानुष सब होए,
जाति-पाति कर सब बटे, मन में काँटा बोए....

मन्दिर-मस्जिद नाम पर, पीर बड़ी ही बोए,
हिंदू-मुस्लिम बन गए, इंसान ना बनया कोए......

मिट्टी पे ही जन्मे सब, मिट्टी को पूजे ना कोए,
कंकण-पत्थर जोड़ रहे, मन को जोड़े ना कोए......

ईद-दिवाली तो सब करे, दान करे ना कोए,
भोग-विलास में लीन रहे, ध्यान करे ना कोए.....

तन का मैल तो धो रहे, आत्मा को शुद्ध करे ना कोए,
राम-नाम जप लेने से, परमात्मा से मिलन ना होए....!!!

3. गुमनाम

किसी के है राज गहरे, तो किसी के चर्चे तमाम है....
कोई दे रहा है किसी को मशवरा, तो किसी को देख रहा पूरा आवाम है....

कोई पुख़्ता कर रहा है अपने सबूतों को,
तो किसी के काले चिट्ठे सरे-आम है....
किसी की उम्र गुज़र गयी अपनी बेगुनाही साबित करते-करते,
तो कोई अपने गुनाहों का बस लगा रहा दूसरों पे इल्ज़ाम है.....

यहाँ जो झूठा है वही तो नाम वाला है, और जो सच्चा है वो ही तो बदनाम है....
तो कोई कर रहा था गुमान अपने शख़्शियत, रुतबे, और अपने औहदे का,
हुआ यूँ इल्म उपरवाले का, कि यहाँ तो अब अच्छें-अच्छें हो गये गुमनाम है.....!!

4. अर्जी लगाई है

सुना है कोई है ऐसा जो सबके दुःख को हर लेता है, तो
आज मैंने भी एक अर्जी लगाई है......

ना कोई कोर्ट है, और ना ही कोई कचहरी, आज तो बस तेरे
दर पर ही सुनवाई है........

नहीं है पता मुझे तेरे घर का पता, फिर भी किसी पते पर
तो चिट्ठी लिखवाई है......

मन के किसी कोने में विश्वास का एक दीप जलाकर, तुझसे
आज मैंने एक आश लगाई है......

हैं यकीं मुझे खाली नहीं जायेंगी मेरी मिन्नतें, मेरी उम्मीदों
की तुझे करनी जो भरपाई है......

5. फ़साना

मेरे सारे अच्छें ख़्वाब में तू,
तेरी एक बुरी हक़ीक़त हू मैं....

मेरे सारे जीतें हुए ख़िताबों में तू,
तेरी सारी हारी हुई बाज़ी हू मैं.....,

मेरे सारे मुकम्मल जवाबों में तू,
तेरे सारे उलझें हुए सवाल हू मैं....

तुम हो तो सबकुछ हसीन हैं,
तुम नहीं तो जीवन के सभी रंग रंगहीन हैं......

तुम हो तों खूबसूरत हर फ़साना हैं,
तुम नहीं तो बेरंग ये ज़माना है......

तुम हो तो मशहूर मेरी हर आदत हैं,
तुम नहीं तो क़ुबूल ना मेरी कोई इबादत है.....

तुम हो तो सिद्दत से मेरी चाहत हैं,
तुम नहीं तो एक पल भी ना मुझे राहत हैं....!!!!

6. हाँ, मैं एक स्त्री हूँ मैं सब जानती हूँ

हाँ, मैं एक स्त्री हूँ मैं सब जानती हूँ,
मैं शून्य और एक में फ़र्क़ पहचानती हूँ......

तुम्हारे संग प्रेम में हूँ इसलिये तुम्हारी हर बात बिना किसी हिचकिचाहट के मानती हूँ,
इसका मतलब ये नहीं कि मैं सही और ग़लत में फ़र्क़ करना नहीं जानती हूँ....

अगर खुद को रोककर तुम्हारे सम्मान में तुम्हारी दहलीज़ को पार नहीं करती हूँ,
इसका मतलब ये नहीं कि अपने आत्मसम्मान की रक्षा के लिए मैं अपने अधिकारो का वहन करना नहीं जानती हूँ.....

अगर तुम्हारे प्रेम में रहकर मैं खुद को उस विरह की अग्नि में जलाती हूँ,
इसका मतलब ये नहीं कि मेरे चरित्र पर लगाए गए हर उस दाग को अपने आत्मा में लगे उस अग्नि से भस्म करना नहीं जानती हूँ.....

अगर तुम्हारी कही हुई हर बात को ख़ुशी ख़ुशी मानकर
तुम्हारे हर आदेश का पालन करती हूँ,
इसका मतलब ये नहीं कि मेरी कही गयी हर बात को
अनसुना करने पर अपने हृदय में छुपाए भावों के उस सेलाब
को पानी की तरह बहाना नहीं जानती हूँ.....

निष्कर्ष

हालात कैसे भी हो, मैं डरना नहीं जानती हूँ,
संघर्ष चाहे कितना भी मुश्किल हो, मैं हार नहीं मानती हूँ,
हाँ, मैं एक स्त्री हूँ मैं सब जानती हूँ,
हाँ, मैं सही और ग़लत में फ़र्क़ पहचानती हूँ...!!

7. लाल

जो देख रखा है मैंने सपने सजाने का अपनी माँग में वैसे
तो रंग लाल उस बेरंग वाले सिंदूर का भी है.....
माथे पे जो लगाये रखा है टीका तेरे नाम का मैंने वैसे तो
रंग लाल उस ठप्पे वाले फ़ितूर का भी है.....

मन की व्यथा जो कह नहीं सकती किसी के सामने वैसे तो
रंग लाल उस मौन वाले ज़ुबान का भी है,
सजाया है जिन पीड़ाओं को अल्फ़ाज़ों के तौर पर मैंने अपनी
आत्मा के हर पन्नो में वैसे तो रंग लाल उस स्याही वाले
फ़रमान का भी है.......

सबने कहा आगे से अब तुम्हें मासिक धर्म निभाना है,
जमाने के डर से जो मिटाये है दाग मैंने वैसे तो रंग लाल
उस बंद वाले तहख़ाने का भी है.....
वो जो चुपके से हर महीने आया करता है बिन बताये मुझसे
मिलने वैसे तो रंग लाल उस माहवारी वाले ठिकाने का भी
है.....

अपने अरमानो का गला घोटा और मार दिया सब इच्छाओ
को वैसे तो रंग लाल उस सनी हुई दलदल वाले क़मीज़ का
भी है.......

सबके पीछे ही गुज़ार दिये जो सारे वक्त एक कमरें, एक
चौखट के अंदर वैसे तो रंग लाल उस खिंची हुई रेखा वाले
दहलीज़ का भी है.....

जो त्याग किसी ने गिने नहीं, चाहकर भी जिन ख्वाहिशों
को मैंने बुने नहीं वैसे तो रंग लाल उस बेदर्द वाले निशान
का भी है.....
सबके ख़ातिर जो सौंप दिया मैंने अपने आपको वैसे तो
रंग लाल उस जीवित शरीर में मृतक वाले शमशान का भी
है......!!!

निष्कर्ष

जब एक औरत के माँग का सिंदूर उसकी मजबूरी बन जाती
है तब वह लाल रंग उसके लिये बेरंग हो जाता है....
जब एक औरत के माथे की बिंदी उसके चेहरे की चमक
छीन लेती है तब वह लाल रंग उसके लिये रंगहीन हो जाता
है......
तो अब फ़र्ज़ करो की वो लाल रंग लाल ही रहे,
तो अब प्रण करो की वो औरत हर रूप में सदा कमाल ही
रहे,
उसको समझो, ताकि वो तुम्हें समझ सके,
तो अब कुछ ऐसा कर दो की वो औरत हमेशा बेमिसाल ही
रहे.....
तो अब कुछ ऐसा कर दो की वो लाल रंग अब लाल ही
रहे.....!!

8. हर एक बेटी के मन की अनकही व्यथा (सत्यवत कथन पर आधारित)

ये रीति किसने बनायी,बेटिया क्यूँ होती है परायी !!!!

मायका छोड़ तुम ससुराल चली गयी, खुद तो अधूरी हुई हमें भी अधूरा कर गयी....

हर बात पे सबको दिलासा देती हो, अच्छा ये तो बताओ इतना दर्द कैसे सह लेती हो....

कुछ दिन बीता तुमने कहा, फिक्र ना करो इस बार ढेर सारी खुशिया लेकर साथ आ रही हूँ.....

सारे बीते हुए दिनो की कमियाँ पूरी करने जा रही हूँ......

देखते ही देखते वक्त गुजर गया,दो अनमोल सितारों ने आकर घर को फिर से पूरा कर दिया....

जैसे जैसे वक्त बीतता रहा, दोनो बड़े होने लगे.....
हर रोज पर नानाजी के गोद में खेलने लगे,
उन्हें बुढ़ापे में नया दोस्त मिल गया,
देखते ही देखते सबकुछ बदल गया.....

आनवी का हर बात पे नानाजी से रूठ जाना,
और फिर नानाजी का बार बार उसे मनाना.....

सुबह के पाँच बजे उठकर छत पर जाना,
हर रोज सारे कौवों को रोटी खिलाना.....

अन्वय काँ मामा के पेट पर लेट जाना, और फिर जोर जोर
से उनके साथ चिल्लाना.....
अपनी जिद से पूरे घर को सिर पर उठाना....

नानी को पूरे टाइम साथ घुमाना, माँ की डाट खाने पर
इशारो से बताना.....

माँसी के छेड़ने पर गुस्सा दिखाना, सबके आने पर शिकायतों
की ढेर लगाना.......

फिर वो समय आ गया जिसका सबको डर था,
फिर सबकुछ अधूरा छोड़ तुमको जाना दूसरे घर था.....

और फिर तुम गयी, सारी खुशियाँ साथ ले गयी,
फिर से सबकुछ अधूरा कर गयी, रिश्तों को निभाने के लिए
मजबूर हो गयी,
खुद को समझाया और फिर चुप रह गयी,

दिल से बस यही अवाज बार बार आयी....
ये रीति किसने बनायी, बेटियाँ क्यूँ होती है परायी....!!!

9. मेरे जज़्बात

दिल में ख़्यालों का समंदर था,

मन में यादों का बवंडर था,

दिल ने मेरे जब शिखस्ता खायी थी,

वो महीना शायद दिसंबर था....

तो उठा लिया है अब मैंने भी कलम,

लिख डाला पन्नो पर वो सारे सितम....

वो बातें, वो एहसासें, वो मेरी सारी जज़्बातें जो अधूरी रह गयी,

प्यार के नाम पे मैं सारे ज़ुल्म हर दर्द सह गयी....

अब पूछते है लोग ये सब कैसे लिख लेती हो तुम,

काश कोई ये भी पूछता इतना कैसे सह लेती हो तुम.....

इतना कैसे सह लेती हो तुम.....!!!!

10. बाज़ार

ना जलवे आपके है ना जलवे हमारे है,
वैसे तो हम दोनो ही लगातार बैठें है.....

जलवे तो अब बस उसी के हुस्न के है,
जो क़हर ढाये हज़ार बैठें है......

मेरे होने या नहीं होने से क्या ही फर्क है उन्हें अब,
वो तो ख़ुश अब इस बात से है कि उनके पीछे लूटे
अब सारे बाज़ार बैठे है.....

बर्बाद किया है उसने ना जाने कितने ही दुनिया-दारी को,
वो तो ख़ुश अब इस बात से है कि हर कोई उन्ही के लिये
बेरोज़गार बैठें है.....

चलो अब सब मिलकर दूर करे इस ग़लतफ़हमी को,
जो भी उस ना-चीज़ का फ़ुरसत से शिकार बने बैठें है....!!

11. कहा था ना !

कहा था ना, एक दिन ऐसा आएगा की फ़र्क़ पड़ना बंद हो जाएगा....

खोल रखा था जो दिल के दरवाज़े मैंने, कहा था ना एक दिन वो भी तंग हो जाएगा.....

जिनको करनी होगी बेवफ़ाई, वो किसी ना किसी बहाने से चला ही जाएगा......

मगर जिनको निभानी होगी ताउम्र वफ़ाई, वो किसी ना किसी के सहारे संग हो जाएगा.....

रहा अगर तेरी दुआवो में जरा भी असर,

कहा था ना जिन्हें नहीं भी रंगना होगा वो भी तेरे रंग में रंग ही जाएगा.....!!!!

12. मिथ्या (झूठ)

इक तुम ही सच बाक़ी सब मिथ्या,
इक तेरे होने का एहसास सच बाक़ी सबका होना मिथ्या.....

इक तेरी कही हर बात सच बाक़ी सबकी कही-सुनी बात मिथ्या,
इक तेरे ख़्वाबों में डूबे रहना सच, बाक़ी सारी दुनिया का होना मिथ्या.....

इक तेरे होने से मेरे वजूद का होना सच, बाक़ी सबकी शखशियत का होना मिथ्या......

इक तेरे साथ होने का भ्रम सच, बाक़ी हज़ारों की भीड़ में खड़े रहना मिथ्या.....!!!!

13. अंतरमन

हाँ, इस अंतरमन को सुकून चाहिये
हाँ, वो लय और वो धुन चाहिये......

क्यूँ हर वक़्त ज़हन में इतनी बेंचेनी सी रहती है,
क्यूँ ये जो ज़ुबान है उसमें हलचल सी मची रहती है......

क्यूँ ये हर वक़्त कुछ नाराज़ सा रहता है,
क्यूँ इसे अपने मन को शान्त करने का आग़ाज़ सा रहता है.....

क्यूँ कुछ हासिल करने का इसे एक जुनून सा रहता है,
क्यूँ कुछ हल निकल जाने पर इसे एक सुकून सा रहता है....

क्यूँ ताउम्र यह मन पवित्र होने की कामना करना चाहता है,
क्यूँ इस रूह को बेड़ियों से मुक्त करने की साधना करना चाहता है....

बहुत हुआ अब इस अंतरमन को इन्साफ़ चाहिये,
बहुत कर लिया इस मन को प्रदूषित, अब इसको शुद्ध साँस चाहिये....!!!!

14. हाँ, मैं दर्द में हूँ

समाज ने ऐसी कोई रीति बनायीं क्यूँ नहीं,
एक औरत के दर्द की कहीं कोई सुनवाई क्यूँ नहीं.....

एक बेटी से लेकर एक माँ बनने के सफ़र को तय करने की
कोई कमाई क्यूँ नहीं,
एक लड़की से लेकर एक औरत बनने तक के सफर में मिले
हर उस दर्द की कोई भरपाई क्यूँ नहीं....

उम्र बीत जाती है सबको खुश करने में फिर भी उसकी
क़ाबिलियत की कहीं कोई आज़माइश क्यूँ नहीं,
दौर नया हो या पुराना अगर अपने हक़ में वो कुछ माँग ले
तो पूरी होती उसकी हर फ़रमाइश क्यूँ नहीं.....!!

❧❧❧

हाँ, एक औरत का दर्द में होना लाज़मी है,
उसके हृदय के मनोभाव के आगे टिका ना कोई आसमाँ ना
कोई ज़मीं है....

तो अब फ़र्ज़ करो की हर औरत के दुःखों का पार लगे,
दूसरों का जीवन जीना छोड़ उसे अपने जीने के मक़सद का
कोई सार लगे....!!

15. अच्छा सुनो...!!

अच्छा सुनो, मैं कुछ कहूँ अगर जो तुमसे तो तुम सुनोगे क्या,
मेरे साथ मेरे सपनो को अपना समझकर उसे पूरा करने का मंज़र तुम बुनोगे क्या.....

मेरे फ़र्ज़ की थोड़ी ज़िम्मेदारी अपने कंधो पे लेकर,
बिना एहसान जताये इस सफर के संगीन हमसफ़र तुम बनोगे क्या....

मैं किसी भी तरह के दर्द में मसरूफ़ रहूँ अगर,
बिना हमदर्दी जताये इस दर्द के मुनासिब मरहम तुम बनोगे क्या...

कभी बोलते-बोलते अचानक से चुप हो जाऊँ अगर,
इस बेज़ुबान अल्फ़ाज़ों के मुकम्मल जवाब तुम बनोगे क्या.....!!

16. कुछ ग़लत तो नहीं होगा ?

अगर मैं कहूँ कि हवाओं ने रुख़ मोड़ लिया है अब,तो कुछ ग़लत तो नहीं होगा.....

अगर मैं कहूँ कि फ़ज़ाओ ने रूखसत करना छोड़ दिया है अब, तो कुछ ग़लत तो नहीं होगा.....

परचम जारी हुआ है की अब दिन क़रीब है गुनाहों के, अगर मैं उन्हें गिनना शुरू कर दु तो कुछ ग़लत तो नहीं होगा.....

भटकें तो तुम भी थे और भटकें तो हम भी थे, अगर अब उन रास्तों से राबता ना करूँ तो कुछ ग़लत तो नहीं होगा.....

कर लिया जो करना था, यूँही जब आँहें भरना था,
अगर अब तेरे जुदाई का क़हर हर रोज़ खुद पे ढाऊँ तो कुछ ग़लत तो नहीं होगा.....!!!

17. दुःख और आपदा

ऐसे हालात में गुजरते हुए वक्त को देखकर चलो कुछ बातों
से खुद को रूबरू कराते है,

किसी पर इल्ज़ाम लगाना, किसी को ग़लत कह देना,
बहुत ही आसान होता है मगर खुद को ग़लत कहना उतना
ही कठिन....

कभी धर्म के नाम पर दूसरों को ज़िम्मेदार ठहराना,
किसी को सरकार के नाम पर बेरोज़गार बताना,
अपनी उलझानो का कोई निवारण ना कर पाना,
सियासत के नाम पर जगह-जगह कोहराम मचाना....

आज बदले हालात कुछ यूँ की हर इंसान यहाँ ज्ञान देना
चाहता है,
छुपन-छुपाई का खेल खेलना चाहता है,
बात-बात पर व्यंग कसकर अपनी ग़लतियों को छुपाना
चाहता है.....
मगर सोचिए यह विपदा जिसपर आन पड़ी है उसका
क्या,किसी के खो जाने का दुःख, किसी को बीच मजधार में
छोड़ जाने का दुःख, दर-ब-दर भटकने का दुःख, किसी के
दम घुटने का दुःख, और फिर किसी के दम तोड़ देने का
दुःख....

ज़रा सोचिए और गौर करिये इस बात पर, अगर सोच लिया
हो तो अब गौर करिये,
जी हाँ इसके ज़िम्मेदार है हम और आप....

ऐसी विपदा जिसका क़हर प्रकीर्ति ने हमपे बरसाया,
पर हम सबने मिलकर उसका मज़ाक़ बनाया,
हर वो चीज़ जिनसे हमें बचना था,
मगर हमने किसी की एक ना सुनी क्यूँकि हमें तो बस
अपने ही धुन में रहना था.....

ना पहने हमने मास्क, ना हमने हाथों को किया स्वच्छ,
ना हमने बनायी दूरी, ना बनाए हमने अपने-अपने कक्ष,
मेहमानो को घर बुलाया, फिर बार-बार उन्हें गले लगाया,
ना खुद को किया इलतला और ना ही इस डर को अपने
अंदर से भगाया.....

अब बस भी करो सबको कोश्ना,
बंद करो अपनी ग़लतियों को दूसरों पे थोपना,
ये झूठे पाठ पढ़ाना, और ये झूठे ज़िम्मेदारियों का ढोंग
रचना......

अरे अब बहुत हुआ खुद को खुद से लो सम्भाल,
सब कुछ बदल जाएगा तू एक बार कर तो सबका ख़्याल,
इस व्यवस्था को कोसना करो बंद, अपनी व्यवस्था में करो
सुधार,
अगर अभी भी इस हालात में ना सुधरे तो सब कुछ हो
जाएगा बेकार.....!!

18. प्रेम क्या है

प्रेम की एक खूबसूरत परिभाषा तो आप और हम सब जानते है, राधा कृष्ण प्रेम की कहानी, जिसने पूरे जमाने को प्रेम करना सिखा दिया।

श्री राधा कृष्ण प्रेम इतना सच्चा क्यूँ था?
श्री राधा जी का मन इतना अच्छा क्यूँ था?
राधा कृष्ण और कृष्ण ही राधा क्यूँ है?
राधा बिन कृष्ण आधा क्यूँ है?
श्री राधा कृष्णा कोई दो नहीं थे। दुनिया की नज़रों में वो दो थे, लेकिन राधा जी की नज़रों में सिर्फ़ कृष्ण थे और कृष्ण जी के नज़रों में सिर्फ़ राधा जी थीं। प्रेम सिर्फ़ पाने का नाम नहीं ना ही प्रेम न मिलने से खो जाता है, सच्चा प्रेम अनमोल होता है। प्रेम में शब्दों का खेल नहीं होता है यहाँ तो सब आँखो से बया कर दिया जाता है। सच्चे प्रेम में तो उनकी यादों में छूँ जाये तो पता चल जाता है की वो आपको याद कर रहे हैं।

श्री कृष्ण जी खुद कहते थे मैं राधा सरोवर प्रेम का सिर्फ़ एक हंस हूँ।

हे कृष्णा,

जब आये आप तक़दीर बनती चली गयी।
हर चीज़ अपने से निखरती चली गयी।
गुजरे आप जिस भी रह गुज़र।
खुशबू आपकी फिज़ाओ में बिखरती चली गयी।

राधा के इस विरह ने कृष्ण को इतना प्रौढ़ बना दिया,
इसी कृष्ण ने दुनिया को गीता का ज्ञान सिखा दिया....!!

प्रेम किसी भी रूप में खूबसूरत हो सकता है यह मानना थोड़ा कठिन था मेरे लिये। फिर मैंने इस बात को अपने आत्मा से स्वीकार किया । विरह जिस्पे बिताती है उसे ही उस दुःख का अंदाज़ा हो सकता है, उसको देख के आज उसके ना होने पर उसके विरह का दुःख महसूस हुआ।मगर विरह हर हाल में दुःख देता है इस मत से मैं सहमत नहीं हूँ।

विरह में इंसान आग में तपता है और उस आग में तप कर इंसान निखरता है। जैसे सोने को पहले तपाया जाता है, फिर उसे गलाया जाता है, फिर उसका सलोना रंग अपनी चमक से सबको रिझा लेती है।उसी तरह विरह की निखार इंसान की सुरत और सीरत दोनो को चमका देती है। उसकी विरह ने मुझे प्रेम को समझना सिखा दिया, उसके विरह ने मुझे प्रेम को लिखना सिखा दिया।

अब उसको प्रेम करने के लिये मुझे उसकी मौजूदगी की ज़रूरत नहीं, उसके विरह ने मुझे इतना तो बता दिया, प्रेम का कोई अंत नहीं, विरह एक अंतहीन सफर की शुरुआत है । विरह में कुछ भी खूबसूरत नहीं होता मगर विरह इंसान को ज़रूर खूबसूरत बना देता है....!!!!

(*प्रेम की एक कहानी, मेरी ज़ुबानी*)

19. क्यूँ ना अब खुद पर भरोसा किया जाये!

क्यूँ न अब खुद पर भरोसा किया जाये,
चलो ना आज कुछ समझोता किया जाये.....

उम्र गुजर गयी सबकी सुनते- सुनते तो क्या हुआ,
क्यूँ ना अब आज से खुद की सुनी जाये.....

जो चाहिये मुझे, जिसकी मैं हक़दार हूँ,
क्यूँ ना अब ऐसी ख़ुशियों को पाने के लिये नुमाइश की
जाये....

वक़्त नहीं था तब मेरा, यह सोच कर लड़ना क्यू छोड़ दूँ,
क्यूँ ना अब सबसे अपना हक़ छीन कर खुद को समझाने
का साहस जुटाया जाये....

जो मेरा है वह माँगना ही क्यूँ है किसी से,
क्यूँ ना अब आज से उसे पाने के लिये खुद को इसे अपनाने
के क़ाबिल बनाया जाये...!!

20. सोचो अगर ऐसा हो तो क्या हो

एक ख्यालों की दुनिया हो, जिसमें सब कुछ तबाह हो...
ना किसी से मिलने की आस और ना ही किसी को पाने की
प्यास हो.....

ये जो वादों के नाम पे धोखे दिए जा रहे हैं,
ये जो इतने सितम मुझपे किए जा रहे है.....

लोगों को अपना समझकर ख्यालों का मंजर मैं बुनती रही,
उनके हर झूठ को सच समझकर मैं सुनती रही...

ये दर्द का सिलसिला चलता रहा, मेरा मन अंदर ही अंदर
मरता रहा,
ये दिल बस यही सोच कर डरता रहा, कुछ भी ना खोने की
आस में हर जुल्मों-सितम को ये सहता रहा....

लोग आए थे ये कहकर कि तेरे शहर को आबाद करने आया
हूँ,
ख्यालों में महफूज़ थी मैं, जब नींद से जगी तो हकीकत ने
कहा जिंदगी हूँ मैं देख तुझसे राबता करने आया हूँ.....!!!!!

21. दिल के रिश्ते

फजाओ मैं पतंग हौले हौले से उड़ रहे है,
बिना खून वाले रिश्ते बहुत ही गहराई से जुड़ रहे.....

ये जो अपना बनकर अपनो को अपना होने का पैग़ाम भेज
रहे हो,
मत करो ऐसी रुसवाई रिश्तों के नाम पर, ऐसे तुम अपने
ही ईमान को सरेआम कर रहे हो.....

इंसान हो इंसानियत को पहले अपना ज़मीर बनाओ,
बार बार अपने दिल की धड़कनो को ये समझाओ......

समझाओ इन्हें तब तक जब तक कि ये समझ ना जाए,
खुद खाने से पहले तुम दूसरों को खिलाओ,
ज़ख्म कम दो प्यार ही प्यार फैलाओ,
खून के नहीं दिल के रिश्ते बनाओ,
हाँ, कुछ रिश्ते ऐसे बनाओ,
हाँ, कुछ रिश्ते ऐसे बनाओ....!!!!

22. दुनिया

रंग बदलती हुई दुनिया,
फिर घर बदलती हुई दुनिया....
प्यार बदलती हुई दुनिया,
फिर ऐतबार बदलती हुई दुनिया....
परिवार बदलती हुई दुनिया,
फिर संसार बदलती हुई दुनिया....
छुपाकर अपनी ख़ूबियाँ,
खुद को बदलती हुई दुनिया....
दिखाकर अपनी ख़ामियाँ,
फिर इमान बदलती हुई दुनिया....
करके सच्चे वादे हज़ार,
ज़बान बदलती हुई दुनिया...
मार कर खुद के अंदर का इंसान,
घरों का सामान बदलती हुई दुनिया....!!

23. हतस

मुझमें हतस ऐसी क्यूँ समाई है,
क्या हुआ है जो अँख मेरी भर आई है....

क्या मेरे रूह का परिंदा मुझसे बेख़बर हो रहा है,
क्यूँ मेरी क़िस्मत किसी और की कहलाई है....

जो मेरा है, वह मेरा ही रहेगा ये कहने से मन डरता क्यूँ है
मेरा,
क्यूँ मेरे सामान की कर रहा कोई और ही भरपाई है...

ऐसा क्या खेल हुआ जो मेरा हिस्से का सकूँ किसी और को
मिल गया,
क्यूँ जो मैंने सदियों से संजो रखा था वो आज बन गयी
किसी और की कमाई है....!!

24. बारिश

ये बारिश के बूँदो की झनझनाहट सुन पा रहे हो,ये सौंधी सी मिट्टी वाली ख़ुशबू की गुनगुनाहट समझ पा रहे हो ।

इन्हें प्यास किसकी है, ये क्यूँ हर रोज़ बरसने की हिदाकत कर बैठते है,
फिर जब ये बरस ज़ाया करते है तो तमाम रूहों की नरमी को छू जाने की हिमाक़त कैसे कर बैठते है ।

ये आसमाँ इन्ही का क्यूँ है, इन बादलों पे हक़ इन्ही का क्यूँ है,यें पानी की बूँदे ओस बन कर जब धरती पे गिर ज़ाया करते है, तो ऐसा महसूस होने लगता है कि इस फलक पे हक़ बस इन्ही का क्यूँ है....!!

कभी सोचा है, अगर नहीं सोचा तो ज़रा सोचिये और एक अलग नज़रिये से इसे समझिए....!!

यें फूलों की पत्तियों पे टपक जाए अगर, तो ऐसा लगता है सकूँ भेजा हो ऊपर वाले ने किसी के सोहबत में,
टकरा जाये किसी ज़मी से अगर, तो ऐसा लगता है कोई पयाम भेजा है ऊपर वाले ने किसी के तोह्बत में....

मिट्टी पे गिर जाये तो बेपरवाह ख़ुशबू की महक देती है,
किसी के मन पे गिर जाये तो रूहों को एक अलग चमक
देती है...!!

ये जो बारिश की बूँदे होती है ना, इनमें मिलावट नहीं होती,
यें बिना किसी स्वार्थ के बरसते है, तभी तों इनमें कोई
सजावट नहीं होती...

बस यें पाक रूहों की तरह शुद्ध होते है,
और मैले मन पे भी गिर जाये अगर तों उनके भी मन को
परिवर्तित कर देती है...

यें बारिश है साहब यें जब भी आती है बस सकूँ ही सकूँ दे
जाती है,
वो किसी भी रूप में हों ये बारिशें फ़ज़ा में बस ख़ुशियाँ ही
ख़ुशियाँ फैला जाती है....

हाथ में चाय का गिलास, उस चाय में बारिश के बूँदो की
हल्की सी मिठास,
किसी के ज़ुल्फ़ों को भिगोकर किसी के चेहरे की हल्की सी
मुस्कान बनकर बिना कुछ कहे बहुत कुछ कह जाती है,
यें बारिश है साहब यें जब भी आती है बस सकूँ ही सकूँ दे
जाती है.....!!

25. आशियाना

हाँ, मेरा भी एक आशियाना होगा,
जिसे मुझे चाँद तारों से सजाना होगा....

ईंट पत्थर से नहीं,मुझे अनगिनत ख़ुशियों के दीवारों से
एक मकाँ को अपना घर बनाना होगा....

सबको अलग रखकर नहीं सबको एक साथ समेट कर,
हर एक उलझन को सुलझाना होगा.....
दिलों में दरार पैदा करके नहीं,प्यार के फुहार से
सबको मिलाकर एक परिवार बनाना होगा...

हाँ, मेरा भी एक आशियाना होगा,
जिसमें मुझे काटों को नहीं फूलों को खिलाना होगा....!!

26. तेरे मेरे प्यार की कहानी बेज़ुबानी हो गयी

तेरे मेरे प्यार की कहानी बेज़ुबानी हो गयी,
जब आ गयी तेरी याद तों मेरी नींद भी रवानी हो गयी....

तेरे इश्क़ का मंज़र कुछ ऐसा हो चला कीं,
मेरी रूह भी तेरे रूह के साथ रूहानी हो गयी....

जब किया था तूने प्यार का इजहार सबके सामने,
जमाने में तेरी मेरी बदनामी हो गयी.....

कैसा है ये करिश्मा के वक्त के साथ,
जिस आँखो में प्यार था आज वो पानी पानी हो गयी....

कुछ यूँ बरसा तेरे इश्क़ का रंग फ़ज़ा में मिलकर,
की मेरी पीली चुनरी भी आज आसमानी हो गयी.....!!

27. मेरे पिता के जीवन की कहानी, मेरी ज़ुबानी

दस साल की उम्र में जिन्होंने अपनी माँ को खोया,
फिर भी उन्होंने सबके सामने अपने अश्रुवों को कभी ना टोया....

काँधे पर बस्ते टाँगने वाले उम्र में जिसने ज़िम्मेदारियों का बोझ अपने कंधो पर ढोया,
अपनी परिस्तिथियो से घबरा कर वह कभी ना रोया....

मेरी माँ का हाथ थामा, और एक नयें सफर को तय करने वह निकल पड़ा,
सबकी ख़ुशियों का ख़्याल रखा और अपनी इच्छाओ का गला घोटने वह चल पड़ा....

अपने बच्चों के आगे हँसता रहा, उनकी हर ख्वाहिशों को पुरी करने में वह जुड़ गया,
आखिर एक बाप था ना, सारे मुस्किल हालातों से बिन घबराये ही वह लड़ गया....

एक वक्त ऐसा आया जब उनके सर से बाप का भी साया उठ गया,
फिर भी अपने फ़र्ज़ को पूरा करने से वह कभी ना डगमगाया,
एक बेटे होने का धर्म उन्होंने हर रूप में बखूबी निभाया......

मैंने उनसे कहा ये सब इतना आसान नहीं, कैसे लेते है आप सब कुछ इतनी आसानी से सम्भाल,
उन्होंने हस कर मुझसे कहा, मैं आहिस्ता-आहिस्ता सब कुछ ठीक कर दूँगा बस तुमसब रखना हमेशा अपना ख़्याल......

उन्होंने एक बात मुझे ऐसी सिखायी जो मेरे ज़हन को हमेशा लगती है कमाल,
अपने फ़ायदे के लिये कभी भी ना करना किसी का भी इंस्तेमाल....!!

❧❧❧

Thank you dad for being my father. Thank you dad for being just the way you are. I'm happy. I'm lucky. I'm glad that I have you as my Dad.♥

28. पिता

मेरे पिता ही तो मेरी जागीर है,
मेरे हर मुकम्मल दुआओं की ताबिर है.....

मेरे पिता के होने से मेरा अस्तित्व है,
उनका दिये हुए संस्कार में ही तो मेरा व्यक्तित्व है.....

बचपन से लेकर आजतक जिसने हर हाल में थामें रखा हाथ,
इतनी जल्दी वो खुद से छूटने ना देंगे मेरा साथ....

पूछते है लोग मुझसे की कही देखा है कभी किसी फरिश्ते को,
मैंने सबसे कहा तुमने महसूस किया है कभी इतने पावन बाप-बेटी जैसे रिश्ते को.....

यह नाम, यह औहदा ही इतना बड़ा है,
एक बाप अपनी बेटी की ख़ुशियों के लिये
ताउम्र सारे जमाने से अकेले ही तो लड़ा है....

तो एक बेटी क्यूँ ना हर रूप में अपने पिता के सलामती के लिये सजदा करे,
अपने पिता के दिये हुए हर उस हसीन याद का वो क्यूँ ना रब से सदक़ा करे....!!

29. पापा

आज मन बहुत उदास है, आपके साथ और विश्वास की जरुरत है मुझे.....

दिल घबराया है मेरा कुछ खो जाने से, आपके सलाह और साहस की जरुरत है मुझे......

बातें तो बहुत सारी हैं जहन में कहने को, आपके हिम्मत और उम्मीद भरे नजरो की जरुरत है मुझे......

दर्द बनकर जो रह गए है सारे जज्बात, आपके किमती वक्त और साथ की जरुरत है मुझे.....

आज मन बहुत उदास है, आपके साथ और विश्वास की जरुरत है मुझे....!!!!

30. माँ

जब कभी भी डगमगायें है मेरे कदम,
तो आपने मुझे चलना सिखाया है,
भटकी हूँ मैं रास्तों से जब कभी भी,
तो आपने मुझे रास्ता दिखाया है....

जब कभी भी दर्द से रोयी हूँ पूरी रात,
अपने गोद में सर रखकर,
माथे पर धीरे से हाथ फेरकर,
आपने उस दर्द से मुझे आराम दिलाया है.....

सब यही पूछते रहे आपसे,
क्यूँ करती है आप आख़िर इसकी इतनी फ़िक्र,
तो आपने माँ-बेटी का रिश्ता बताकर,
सबका मुँह हमेशा के लिये बंद कराया है......

आज जब कमी खली बहुत आपकी,
आपने कहा, मैं नहीं हूँ तुम्हारे पास तो क्या हुआ,
जो हिम्मत, जो ताक़त तुम्हें मुझसे मिली है,
उसे इस्तेमाल करने का सही समय अब आया है

आपने मुझे सही और ग़लत लोगों में पहचान करना सिखाया
है,
सही वक़्त पर सही और ग़लत वक़्त पर ग़लत चीज़ों को
परखना बताया है,
यही सब सोचकर मेरा दिल अपने आप भर आया है....

31. माँ (मेरे जीवन का सार हो तुम)❤

किसी भी परिभाषा, उदाहरण से परे है माँ,
एक ऐसा स्पर्श जिसके छूने से सारे दुःखों का निवारण हो
जाता है.....!!

मेरे जिंदगी का तुम सार हो,
तुम ही तो मेरा संसार हो.....

ममता की तुम भण्डार हो,
एक सरल पेड़ की तुम डार हो....
तुम हो तो रोशन यें जहाँ है
तुम नहीं हो जो संग मेरे,
तो मेरा कहाँ कुछ भी यहाँ है.....

तुम आश हो मेरी उम्मीदों की,
तुम प्रयत्न हो मेरी हर कोशिशों की,
तुमसे है मेरा जीवन नवीन,
तुमसे बने है मेरे हौसले प्रवीन,
हर कार्य में तुम बेमिसाल हो,
मेरे हर मर्ज़ की तुम इलाज हो.....

इस मज़बूत नींव की तुम ढाल हो,
तुम माँ हो, इसीलिए तुम हर रूप में हमसब के लिए मिसाल
हो.....!!

32. मेरे प्रिय बाबा

एक ख़त आज उनके नाम करती हूँ, जिनसे मैं बेहद प्यार करतीं हूँ....

कुछ तो है जो छूट गया है, यें दिल अंदर ही अंदर टूट गया है......

आपके चले जाने से यें दुनिया मुझसे रूठ गया है....

आपके चले जाने से दुःखों का सागर मन में मेरे फुट गया है....

सब यह कहकर तो चले गये, जिसको जाना था वो चला गया है.....

मैं सबको कैसे समझाऊँ कि मेरे जीवन में सबकूछ बदल गया है......

अब कौन चोरी चोरी मुझे हर बात बताएगा,

अब मेरे नाराज़ हो जाने पर कौन मुझे बार बार मनाएगा...

अब कौन मेरे ना खाने पर मुझे बार बार आवाज़ें लगाएगा,

अब कौन मेरे ग़लतियों पर मुझे बार बार समझएगा........

अब कौन सबके सामने मेरी खूबियों को गिनवाएगा,

अब कौन मेरे कमियों को सबके सामने छुपाएगा......

अब मुझसे ऐसा प्यार कौन जताएगा,

बोलो ना बाबा अब मुझसे ऐसा प्यार कौन जताएगा......!!!!

(आपकी लाडली रीमा)❤

33. सहम सी गयीं हूँ

सहम सी गयी हूँ आज तुम्हें कुछ हो जाने पे, ना जाने क्यूँ मेरा मन अब डर सा गया है,
एक खरोंच भी आये तुझे ये गवारा कहाँ था मुझको, पर लगे है ज़ख्म जो तुझे इस तरह, ना जाने क्यूँ मेरा दिल अब भर सा गया है....

खुद को बार - बार यही समझा रही हूँ हर दफ़ा के सब ठीक है, मगर तेरे घाओं का मरहम अब कहीं धर सा गया है,
दे मुझे भी सुकून ऐ मेरे परवरदिगार, मैं भी ये कह सकूँ चीख - चीख कर की मेरे यार की पीड़ा भी अब तू हर सा गया है.....!!

34. मुसाफ़िर

सबकुछ माँग लेने से अगर मिल जाता,
तो तू किसी ना किसी राह का मुसाफ़िर ना होता....

तू जिसे चाह लेता अगर वो तेरा हमसफ़र होता,
तो तू क़िस्मत से कभी फ़क़ीर ना होता.....

एक तेरे सोच लेने से अगर क़िस्मत का समझौता हो पाता,
तो तेरे हाथों में बना कई लक़ीर ना होता....

नसीब अगर तू तेरा लिख पाता,
तो तेरे सिर के ऊपर तेरा जहांगीर ना होता.....!!!!

35. आँसू

हर आँसूओं की अपनी एक कहानी होती है,
तो किसी को सहकर तो किसी को कहकर बतानी होती है....
तो किसी को अपने दर्द को दिखानी तो किसी को अपने
यातना को छुपानी होती है,
तो कभी दुःखों के सहारे तो कभी ख़ुशियों के ज़रिये इसे
जतानी होती है.....
अगर ना समझ पाए कोई आपके शब्दों को,
तो भावनाओं को व्यक्त करने के लिए इसे गिरानी होती
है.....
हर आँसूओं की अपनी एक क़ीमत और अपनी अलग रवानी
होती है,
इन्हें आँखो से बहाकर ही हर नासमझ को समझानी होती
है,
हाँ, हर आँसूओं की अपनी एक कहानी होती है....!!

36. इज़हार

अकेले में वो मुझसे प्यार जताते है,
सबके सामने बैठें हो तो वो मुझसे नज़रें चुराते है,

कहते है वो तुम मेरा ऐतबार किया करो,
इतमिनान से बस मेरा दीदार किया करो,
मुझे तुम ऐसे ना बेक़रार किया करो,
सबके आते ही तुम मुझे ख़बरदार किया करो,

नज़रें जब मिलीं दोनो की एक- दूसरे से,
तों मैंने भी धीरे से उनके क़ानो में फुसफुसा कर कहा
मेरे सामने अपने प्यार का दिखावा छोड़,
पहले तुम ज़माने के सामने बेख़ौफ़ अपने मोहब्बत का
इज़हार किया करो....!!

37. यादें

ये वक़्त जो हमने साथ गुज़ारे है,
यें हसीन यादें ही तो जीने के सहारे है,
तुम कहते हो क्यूँ हो तुम आज इतनी खिली - खिली,
मैं कहती हूँ ये हसीन पल इतनी मुद्दतों बाद मिली....

अभी तो कुछ ही वक़्त साथ बिताये है, अभी तो अरसा साथ बिताना है,
मैंने कहा ज़रा रुको तो, इन हसीन लम्हों को इन्ही से चुराना है.....

मन था मेरा उदास अभी तक, अभी - अभी तो ख़ुशियों की झड़ी आ लगी है,
सब कह रहे है मेरे चेहरे की रौनक़ देख कर की पतझड़ में भी बहार आ चली है....!!

38. वो तुम्हारा पहला स्पर्श

यह दिल तुमसे मिलने को बेक़रार था,
छाया इसपे एक ऐसा ख़ुमार था.....
धीरे धीरे ये मन तुमसे मिलने के आस में एक लम्बे सफर
को तय करने लगा था,
जो सपने इसने खुली आँखो से देखे थे, उसे पूरा करने की
चाहत में यह तेरी तरफ बढ़ने लगा था.....
ये आँखे तेरे दीदार को तरसने लगी थी,
मानो मेरे मन पे एक भारी वर्षा होने लगी थी.....
दिन गुजरा, रातें बीती और फिर सुबह हुआ,
फिर यह सुहाना सफर ख़त्म होने को हुआ....
इस दिल में अजीब सी बेचनी, उलझन होने लगी
मानो ये धड़कने तेज रफ़्तार से दौड़ने लगी.....
मेरे कदम तेरे तरफ़ बढ़ने के लिए बेक़ाबू होने लगे
जैसे मुझपे कोई जादू टोना हुआ और ये आत्मा तेरे क़ाबू में
होने लगे......
फिर वो हसीन पल आया जिसका हमदोनो को बेसब्री से
इंतजार था
प्यास मिटी इन आँखो की और दोनो को एक दूसरे का
इख़्तियार हुआ.......
फिर तूने मुझे धीरे से गले लगाया, फिर मेरी आत्मा और
मेरा शरीर दोनो सिथिल हो गये

ये जो ज़बान रोज तुमसे ढेरों सारी बातें किया करते थे, अब वो मौन हो गये
फिर वो तेरे पहली छूवन ने मेरे शरीर को नहीं मेरी आत्मा को स्पर्श कर गयी
हाँ वो तेरी पहली छूवन बिन कुछ कहे सब कुछ कह गयी
हाँ वो तुम्हारा ही पहला स्पर्श था, जिसने मेरी आत्मा और रूह दोनो को छूवा था
हाँ वो तुम्हारा ही पहला स्पर्श था, जिससे पहली बार मेरा मन मंत्रमुग्ध हुआ था...
हाँ वो तुम्हारा ही पहला स्पर्श था, जिसने मेरी ज़िंदगी में सब कुछ बदल दिया था
हाँ वो तुम्हारा ही पहला स्पर्श था जिसने मुझे बिना कुछ दिये बहुत कुछ दे दिया था ♥

39. सफ़र

थोड़ा लम्बा है सफर
मगर कट जाएगा....

ये उदासी भरा बादल
भी छट जाएगा....

थोड़े दिन का है ये ग़म
जल्द ही जहाँ में खुशिया लौट आएगा....

कठिन है रास्ता मगर तुम घबराना मत,
इम्तहान का दौर है, गुज़र जाएगा......

अगर कर लिया इस वक्त को हस के पार,
यक़ीन करो, उपरवला सुकून ही सुकून लाएगा.....

40. जिंदगी एक पहेली

सबकी कहानिया कुछ ऐसी हो रही है रूबरू,
जैसे लगता है ज़िन्दगी ही एक फ़लसफ़ा है...!!

ये खिलखिलाहट भरी मुस्कान ही है तेरी पहचान,
इसी से पता चलती है तेरे हुस्न की ये खूबसूरत सी
दास्तान...!!

मुमकिन है यह भी की तेरे इश्क़ में मशहूर मैं हो ज़ाऊ,
तूँ एक बार मेरे हाथों से अपना हाथ छुड़ा कर तो देख.....!!

तुम्हें पाने की हसरत बेमिसाल है,
पर खुद से पहले तुम्हें तुमसे मिलाने का वादा भी तो है....!!

चारों धाम कर आयी हूँ तेरे नाम के,
पर मिला तू मुझे वहीं जहाँ तुझे बसा रखा है...!!

मैंने भी एक आरज़ू की के कोई मेरी भी आरज़ू करे,
बस एक मुलाक़ात के ख़ातिर इस ख़ामोश शहर से हर रोज़
थोड़ी बहुत गुफ़्तगू कर ही लेते है....

वो भी दिन आएगा जब हमसे हर दिन होगा,
लम्बी क़तारों में भीड़ लगेंगी तब उस दिन मेरा मन भी एक
सुंदर मन होगा....!!

रंगो का फ़र्क़ आजकल हमें वो समझा रहे है,
जो एक रोज़ मेरे दर पर होली खेलने आया करते थे...!!

अगर मैं रोयी हूँ तो आँसू भी तो नहीं पोछे तूने,
फिर तू हर रोज़ चीख - चीख कर मुझसे ये क्यूँ कहता है,
कि मेरा दिल तेरे लिए जज़्बातों से भरा पड़ा है....!!

धीमे - धीमे उम्र से जवाँ हो रहे है हम, मगर फिर भी ज़िंदगी अभी भी हर मोड़ पर नादान सी लग रही हो जैसे.....!!

41. सादगी

मुझमें हुनर कुछ ख़ास नहीं,
सादगी के सिवा कुछ मेरे पास नहीं....

मैं दरियाँ नहीं समंदर हूँ,
मेरे लहरों के शोर का तुझे एहसास नहीं....

सर्दी की ओस नहीं बारिश की बूँद हूँ,
जिसको पी के भी बुझेगी तेरी प्यास नहीं....

चैन ही नहीं मैं तेरा क़रार भी हूँ,
मेरे बिन आयेगी तेरे सीने में साँस नहीं....!!

42. ज़िंदगी की महक़

दिल दुखाया है तों दिल दुखा भी है,
दर्द दिया है तों दर्द हुआ भी है......
नाराज़ किया है तों नाराज़गी जताया भी है,
रूठे हो हमसे तों हमने तुम्हें मनाया भी हैं....!!!!
तुम्हें समझा है तों पहले खुद को समझाया भी है,
नज़रें झुकायी है तों उससे पहले नज़रें मिलाया भी हैं....!!!!

हमें क्या पता था जो रुकती नहीं और जो थकतीं नहीं उस
चिड़िया का नाम तुम हो
तुम हो उम्मीद का एक साया हमसब के लिये, ना गिरती
हो और ना गिरने देती हो....
हमें क्या पता था जो हौसलों से अपनी उड़ान भरती है उस
चिड़िया का नाम तुम हो.....!!

देख ना, उम्मीद भरे नज़रों से तुझे कबसे देख रही हूँ,
कुछ करने की है चाहत तभी तो आँखे सेंक रही हूँ....
इन रास्तों पर चलना कुछ कठिन सा लग रहा हैं मुझे,
अगर अब चल चल दिया है तेरी तरफ जो, अपने डर को
बाहर मैं फेंक रही हूँ.....
मँजिल की चाहत अब कहाँ हैं मुझको,
अब तो बस सफर तय करने का एक कारवाँ ढूँढ रही हूँ....

आज हुआ कुछ यूँ कि ज़रा सा लिखने का अन्दाज़ बदल
गया,
एक ही लम्हें में सारा का सारा मिज़ाज बदल गया......
आरज़ू जो थी तुम्हें एक लम्हें से सब कुछ समझाने की,
ऐसा क्या हालात हुआ कि सब बात बदल गया.....
अंदर ही अंदर जो पल रहा था एक अरसे से,
हुआ यूँ कि जब आज मौक़ा मिला, तेरे रूबरू होते ही सब
एहसास बदल गया.....!!!!

सबने मुझसे कहा तेरे साथ हुआ कोई तो हादसा होगा,
तभी तो तू शायर हुआ होगा....
ऐसा तो नहीं है के बस एक मैं ही किरायेदार हूँ,
तेरे किसी चाहने वाले ने लूटा तेरा भी तो मकाँ होगा....
ऐसा तो नहीं होता होगा के हर कोई अपने दर्द की दास्ताँ
लिखकर बयां करता होगा,
अगर ऐसा है तो फिर पूरे कायनात में हर तरफ़ लगा शायरो
का मुशायरा होगा...!!

वो कहती है के उसके मुखौटे उतारे जाये, आँखों पे निसाना
कसे और फिर फ़ितरत पे सवालिया किया जाये....
चलो हमें यह भी कुबूल है, मगर वो पहले ये तो इजाज़त
दे कि उनकी सीरत पे बस एक क़व्वालिया किया जाये....!!
    खुद से प्रेम जताया है कभी, नहीं जताया तो अब से
जताओ....
खुद को खुद के होने का एहसास कराया है कभी, नहीं
कराया है तो अब से कराओ.....
यह तुम्हारी आत्मा, तुम्हारी रूह है तो इसपे अधिकार भी
तो तुम्हारा ही है,
अगर नहीं समझा पाए हो खुद को कभी, तो अब से इसे
समझाओ....
खुद से प्यार जताया है कभी, नहीं जताया तो अब से
जताओ....!!

एक बार फिर वही पेशा अपनाया होगा तुमने,
एक बार फिर मेरी तरह किसी और को बहलाया होगा
तुमने....
एक बार फिर मेरी तरह सपने दिखाकर किसी के ख़्वाबों को
तोड़ा होगा तुमने,
एक बार फिर बेहिसाब दर्द देकर वही कारोबार किया होगा
तुमने....!!

❧❧❧

मेरे दर्द का तुझे कोई अंदाज़ा क्यूँ नहीं,
तेरे लिये ये भी कम है कुछ ज़्यादा तो नहीं,
मेरे हिस्से का दर्द तो हमेशा से ही मेरा था,
तूने चाहकर भी उसे कभी बाटा क्यूँ नहीं.....
सबको काटने पड़ते है अपने हिस्से का ग़म,
तेरे दर्द पर मरहम लगाऊँ किया मैंने ऐसा कोई वादा तो
नही....!!

❧❧❧

ये पेड़, ये पौधें, ये जीव, ये जन्तु, ये मानव, ये जानवर, ये
धरतीं, ये अम्बर सब तेरी ही तो माया है.....
यें शून्य, ये इकाई, यें नगरी, ये दुनिया, ये प्रेम, ये द्वेष
आख़िरकार सब तुझमें ही तो समाया है......
बना वही है, जमा वही है, जिस्पे महादेव बस तेरा साया
है.....
रूठा जो तू किसी से तो बदली तूने उसकी काया है...
एक तू ही सच है महादेव बाक़ी सब कुछ मोह- माया है....!!!!

❧❧❧

खुश हो तो चहचहाती हुई चिड़िया हो तुम,
रूठ गयी अगर तो मानो जैसे आफ़त की पुड़िया हो तुम.....
तुम्हारे हुनर, क़ाबिलियत इनसब से तो प्यार है ही हमें,
मगर हमारे हर मर्ज़ के लिये मानो जैसे एक दवा की
टिकिया हो तुम.....
तुम्हें सुनते ही मन से सारी दुविधा, सारी शिकायतें दूर होने
लगते है,
तभी तो तुम्हारे जैसे दोस्त का साथ और प्यार पाने के
लिये ये दिल बार बार मजबूर होने लगते है....!!

❧❧❧

मैंने सोचती हूँ कि कभी कुछ ऐसा हो,
जो कभी भी किसी ने सोचा ना हो.....
ये जुगनू, ये तारे हर रात मुझसे रूखसत करने आये,
रोज मेरा सजदा कोई ऐसा सितारा करे,जो कभी भी किसी
ने खोजा ना हो.....!!

❧❧❧

मेरे हर मर्ज़ का इलाज लायी है,
किसी हकीम से उसने दवा मँगवायी है....
ज़ख़्म भरें या ना भरें यह तो वक्त का खेल है,
मलाल तो इस बात का है कि तोहफ़े में वो हर बार की तरह
दर्द ही दर्द फ़रमायीं है....!!!

❧❧❧

लिखूँ क्या कुछ, मगर है ऐसा कि अब लिखना नहीं चाहती
हूँ,
दर्द है मगर, है ऐसा कि अब मरहम नहीं चाहती हूँ....
रंग उड़ा है चेहरे का मगर, है ऐसा कि अब चमक नहीं
चाहती हूँ,
बेशरमी पर उतर आयी हूँ जनाब, मगर है ऐसा कि अब
शरम नहीं चाहती हूँ....!!

ख़्वाबों का रंगीन होना गुनाह है,
जुर्मों का सग़ीन होना गुनाह है....
दिल के अंदर ज़ब्त किये है जो ढेरों जज़्बात मैंने,
अगर रुके नहीं मेरे नैनों से अश्रु की धारा,
फिर तो इन आँखो का भी ग़मग़ीन होना गुनाह है.....!!

तेरे ख्यालों में खो जाना अच्छा लगता है,
यहाँ तो समंदर को लहरों का शोर मचाना अच्छा लगता
है....
तुम मुझसे पता पूछते रहते हो हर किनारों के छोर का,
यहाँ तो हमें तेरे इश्क़ में गहराई से डूब जाना अच्छा लगता
है....!!

यें वादियाँ हमसे है हम इन वादियों से नहीं,
यें नज़ारे हमसे है हम इन नज़ारों से नहीं....
हम यक़ीन रखते है इतिहास बनाने में,
इन सितारों की रोशनी हमसे है हम इन सितारों से नहीं....!!

❦❦❦

तेरे दिल के दरियाँ में डूब जाने को जी चाहता है,
तेरे आँखो के झील में गुम हो जाने को जी चाहता है....
कि तेरा नशा इस कदर हो मुझपे,
ऐसे महखाने का सबाब हो जाने को जी चाहता है....
तुझे लगे ना किसी की भी नज़र,
ऐसे दुँआवो का ताबीज़ हो जाने हो जी चाहता है....!!

❦❦❦

मुझे शराब और शबाब को हाथ लगाये ज़माना हो गया,
तेरे मदहोश नज़रों से ही कर लेता हूँ नशा,
कि ये मेरा दिल भी अब तेरा दीवाना हो गया.....
मेरा सब कुछ वो मुझसे छीन कर ले गयी ऐसे,
कि मेरे जिस्म से मेरी रूह भी रवाना हो गया....
मैं अपनो के साथ भरी महफ़िल में बैठा रहा,
आयी तेरी याद इस क़दर कि मैं हर ग़म से बेगाना हो
गया.....!!

❦❦❦

अभी तुम ज़ख्म देने के क़ाबिल बने ही कहाँ हो ?
जिस दिन तुम्हें छोड़ गये ना उस दिन तुम खुद ब खुद
क़ाबिल बन जाओगे......!!

इबादत इश्क़ है,
इश्क़ ही इबादत है,
तू ही बता तुझे कैसे भूला दु मैं,
बस तू ही तो मेरी एक अच्छी आदत है

रातों को ख़्वाबों से जगाया ना करो,
दिल लगी जो हुई है तों दिल को दुखाया ना करो....
मोहब्बत में तेरी फनाह होने को भी तैयार हूँ,
प्यार को मेरे तुम कभी आज़माया ना करो.....
रुख़सत ही कहाँ हुए हो मेरे राहों से तुम अभी,
यूँ ही दरबदर भटकने तुम ज़ाया ना करो....!!

चलो आज एक शाम तुम्हारे नाम करते हैं,
अपने मोहब्बत की अलामत सर-ए-आम करते हैं....
ग़ैरों की जिस्मानी मोहब्बत से बिल्कुल परे है मेरा इश्क़,
इसीलिये तो मेरी रूहानी मोहब्बत का वो एहतिराम करते
हैं....!!
(अलामत = पहचान (symptom)) (एहतिराम = आदर
(respect))

कर लू क़ैद इस वक़्त को कहीं ये खो ना जाये,
जगना है सबको पूरी रात कहीं कोई सो ना जाये....
यहाँ बैठा हर शख़्स बहुत अज़ीज़ है मेरे लिये,
आज की रात बहुत रंगीं है डरती हूँ कहीं गुज़र ना जाये....
उम्र के एक मक़ाम पे सबको जुदा हो जाना है,
ख़्वाहिशों को पूरा करने आख़िर कोई क्यूँ ना जाये....!!

जो आया है उसे जाना है,
जिसने की है अपनों से ग़द्दारी, उसे मुँह के बल खाना है...
ख़ून से भी बड़े होते है दिल के रिश्ते,
ये मैंने नहीं सबने माना है.....,
ना कर तूँ इतनी अच्छाई, क्यूँकि ये भलाई का नहीं
बुराई का ज़माना है....!!

जाओ जाकर कह दो मेरे रगो के हर सफ़न से,
अगर मौत भी आ जाये मुझे, तो व्यारा-न्यारा करे मेरा मेरी
माँ के कफ़न से.....!!

❧❧❧

मैं सोचती हूँ कि आज कल जो यें दौर गुज़र रहा है,
लोगों के दिलों में फ़िकर और कई सवाल पैदा कर रहा है....
क्या यें अब तक का सबसे ख़राब साल है,
या ज़मीन-ओ-आसमान में मचा कोई बवाल है....
कहीं ये इंशारा तो नहीं ख़ुदा के तरफ़ से,
के बहुत जल्द जहान में आ रहा दज्जाल है.....
मगर फिर मैं सोचती हूँ कि ये सब फ़क़त एक मेरा ख़्याल
ही तो है,
जो मेरे दिल से उठ रहा है फ़क़त एक ख्याल ही तो है....!!

❧❧❧

लोगों को लगने को ना जाने क्या - क्या लग रहा है,
ये मैं और मेरा ख़ुदा जानता है कि क्या - क्या चल रहा
है...
वक़्त ने किया जो कुछ भी है सितम हमपे,
अब ये किस - किस को बताऊँ कि इस वक़्त के मारे बेचारे
को क्या - क्या खल रहा है....!!

❧❧❧

लिखूँ क्या अब तो मुझे लिखना भी गवारा नहीं,
मैंने कभी अपने लिये अपने आप को सवारा क्यूँ नहीं.....
ये तो वक्त का तकलुफ़्फ़ है जो अब दूसरों से नहीं खुद से
प्यार हो गया है मुझे,
वो दौर पर गौर करूँ अगर, जब भी गिरी थक -हार कर मैंने
खुद से खुद को सम्भाला क्यूँ नहीं....!!

चलते - चलते ये मेरे क़दम अब रुकने लगे है,
मेरी आँखे ये बेज़ार मंज़र देख अब थकने लगे है....
मेरे अंदर का ज़मीर अब मुझसे चीख - चीख कर कहने
लगा है,
मेरी रूह अब मेरे जिस्म से सिमटने लगे है.....!!
मेरी नज़रें अब आइना देखने से डरने लगे है,
जो मिला लू मैं खुद से खुद की नज़र तो ना जाने ये आँखे
बिन कुछ कहे बहुत कुछ कहने लगे है.....!

कुछ तो लोग कहेंगे,
लोगों का काम है कहना,
ऐसे उल्फ़त भरे लोगों को पनाह ही क्यूँ दे जनाब,
जिनके साथ उम्र भर पड़े धोखे में रहना....

इस मर्ज़ का इलाज कोई तो हो,
मेरा दिल दुखा है बड़ी ज़ोरों से, दवा कोई तो हो......
हमें तो लगा था के तेरे दिल के तख़्तोंताज पर बस हम ही बैठे हैं,
चलो ये भी ग़लतफ़हमी दूर हुई, इस रूह की भी ग़ैरत कोई तो हो....!!!!

❧❧❧❧

मत कर ऐसा अनर्थ, के प्रभु अब कुछ भी सहा नहीं जा रहा,
पीड़ा हो रही है मेरे आत्मा को, के अब कुछ भी कहा नहीं जा रहा....
हमें मालूम है ये हमारे ही करमों का फल है, फिर भी तेरे भक्तों से अब रहा नहीं जा रहा,
कर दे कृपा हमपे फिर से एक बार प्रभु ,के इस पीर के प्रवाह में अब और बहा नहीं जा रहा....!!

❧❧❧❧

मुखौटों पे मुखौटे, लगाये परतें हज़ार,
झूठ पे झूठ, किये पर्दे हज़ार...
बना कर इस दिल को हमने बार - बार बेवकूफ़,
हँसते - मुस्कुराते हुए, कराये तजुर्बे हज़ार.....
ना खोले ये सिले हुए होंठ हमने तेरी तोह्बत में,
नज़रें मिलाते - चुराते हुए, ये चेहरे हज़ार....!!

❧❧❧❧

एक आश लगाकार बैठा है मन आपसे,
की मेरी पीड़ा बस तूँही हरपाएगा महादेव.....
कल जब सबसे थक हारकर ये भक्त तेरी सरण में आएगा
महादेव.....
मेरे सारे दुःख दर्द का निवारण बस तूँही कर पाएगा
महादेव.....!!!!

तेरे प्रेम में कुछ ऐसा सृजन कर जाऊँ मैं,
मैं ही कृष्ण की गोपियाँ, कृष्ण की ही राधा बन जाऊँ मैं....
कि तेरे विरह की अग्नि में जो खुद को जलाऊँ मै,
क़िस्मत में अगर लिखा हो जुदा होना, तो क्यूँ ना रूकमणि
बनकर ही तुझे मिल जाऊँ मैं....!!

मैं क्यूँ किसी का इंतज़ार करूँ,
मैं क्यूँ किसी का ऐतबार करूँ....
जब कभी महसूस करूँ अकेला खुद को,
तो क्यूँ ना आइने में अपना दीदार करूँ....
मैं क्यूँ किसी का एहतिराम करूँ,
मैं क्यूँ किसी की अलामत करूँ....
जब कभी उलझन भरें सवालों में उलझ जाऊँ,
तो क्यूँ ना मैं खुद से खुद को सरे-आम करूँ.....!!

तो कोई छोड़ गया अपनो का साथ,
तो किसी के बिन किसी की जिंदगी रह गयी अधूरी,
एतिहात बरतना है ज़रूरी,
तो दो गज दूरी और मास्क भी है ज़रूरी.....!!

फ़क़त सिलसिला ज़ारी हुआ है तेरे बारे में फ़रमान लिखने
का,
अब तू ही बता ऐ ऊपर वाले तेरे इल्म में तुझसे नज़दीकियों
को बयां करूँ या तुझसे बनायीं मिलों के फ़ासले.....!!

फ़क़त सिलसिला ज़ारी हुआ है तेरे बारे में फ़रमान लिखने

नज़रंदाज़ करना सीख गयी हूँ अब लोगों की बातों को,
जबसे समझा है मैंने लोगों के जज़्बातों को....
हर बात पर ये ख़्याल रखना की लोग क्या कहेंगे,
फ़र्क़ नहीं पड़ता अब हम हस कर हर दर्द को सहेंगे.....
तोड़ेंगे तुम्हारे गुरूर को प्यार के दीवारों से,
बस यहीं एक हवा गुज़रेगी हर घर के गलियारों से.....!!

एक आश लगी ये मन में कैसी,
एक प्यास जगी ये तन में कैसी,
मन चंचल है, मन पावन है,
मन पतझड़ है मन सावन है,
रश से भरा ये मन मंदिरा है,
यह मन मधु जैसा एक अदिरा है,
मन शांत है तो मन में चारों धाम है,
मन व्याकुल है अगर मन अशांत है,
फिर तो यह मन बस जपता प्रभु का नाम है,
बस जपता प्रभु का नाम है.....!!